Neues aus dem HAMSTERRAD

Ein Rat(d)geber gegen Burnout

Von
Heide Janowitz und
Wolfgang Taubert

Impressum:

Die Deutsche Bibliothek - CIP-Einheitsaufnahme

ISBN: 978-3-941903-05-0

Autoren: Heide Janowitz (Text), Wolfgang Taubert (Illustrationen)

Titel: Neues aus dem Hamsterrad - ein Rat(d)geber gegen Burnout

Die Deutsche Bibliothek verzeichnet diese Publikation in der Deutschen Nationalbibliografie; detaillierte bibliografische Daten sind bei der Deutschen Bibliothek erhältlich.

Druck und Bindung: Thorsberg Druckerei, 25850 Bondelum

Gestaltung und Satz: www.kamp-design.de, 86153 Augsburg

Psymed-Verlag Dr. Klaus Witt
Fichtenweg 5 D-22941 Bargteheide

psymed-verlag   www.psymed-verlag.de

Neues aus dem Hamsterrad

Zum Hamster

Vorwort

Liebe Leserin, lieber Leser,

zunächst einmal herzliche Glückwünsche an das Team, das dieses Buch liebevoll und feinsinnig gestaltet hat. „Neues aus dem Hamsterrad" handelt von einem relevanten Thema für viele Menschen in der modernen Welt. Die Metaphern des Hamsterrades scheinen wie geschaffen zur Beschreibung vielerlei Spielarten von Zivilisationskrankheiten. Oder können wir uns irgendwelche Hamsterräder in den alten Kulturen vorstellen? Sicher, früher kannte man die Foltermethode des Räderns, und vielleicht mögen kluge Forscher eines Tages einen heimlichen Faden der perfiden Metamorphose des Rades in der Menschheitsgeschichte ausfindig machen.

Ein Hamsterrad wirkt als Gegenentwurf zur Freiheit, unfrei paddelt und schabbelt ein goldiges Tierchen in einem Rad, bis ihm die Puste ausgeht. Dabei scheint der unfreie Hamster durchaus allerlei Gefühle des Glücks, der Erfüllung, der Bestimmungsbestätigung zu erfahren. Das Buch gibt deutlich und behutsam mit den feinen Mitteln von Ironie und Humor Hinweise zu aufgeklärtem, selbstbewussten souveränen Handeln: weg von der Barbarei der unbewussten Unmündigkeit, hin zu zivilisierten Formen der Lebensführung. Auch hier sei nochmals an eine immer wieder auftauchende Idee erinnert: Impulse, Übungen und Reflexionen zur freiheitlichen und gesunden Lebensführung bereits in die pädagogischen Pläne unserer Institutionen aufzunehmen. Das kleine Sabinchen lernt in der Regel einfacher und nachhaltiger als die große Sabine.

Was wird der Erfolg dieses Buches sein? Ein interessantes Paradoxon für den Erfolg dieses Buches: Je mehr Menschen es jetzt erwerben, lesen, praktizieren, desto mehr Wirkung kann es entfalten. Bis hin zur Konsequenz einer frühzeitigen „Anti-Hamsterrad-Erziehung" - auch wenn perspektivisch der Bedarf für eine Neuauflage dieses Buches entfällt. Hohe Auflage, hohe Wirkung bis hin zur paradoxen Selbstabschaffung - es wird spannend sein, den Nutzen mit Ihrer Unterstützung zu vollziehen und zu beobachten.

Persönlich bin ich nach wie vor sehr berührt, mit welch schlafwandlerischer Sicherheit (oder genialischer Absicht? bewusst als charmante Zumutung getarnt?) ich als Hamsterradspezialistin zu diesem Vorwort gebeten wurde. Ob es um das Kreieren neuer Hamsterräder, das beherzte Hineinspringen in ein Hamsterrad oder das umsichtige „Am-Laufen-halten-aller-Hamsterräder" geht - es ist meine zweite Natur, da kenne ich mich aus, das Leben dreht mich, manchmal auch schön schwindelig, fast so schön wie Karussellfahren als Kind. Der Wind aller beschwingten Hamsterräder wirkt so erfrischend und belebend auf mich, dass ich Menschen ohne diese Hamsterradfertigkeiten heimlich bemit-leide - und als guter Mensch natürlich da und dort das ein oder andere Hamsterrad ganz uneigennützig für meine Mitmenschen so nebenbei mit kreiere! Ich teile meine munteren Hamsterräder gern - zu zweit dreht es sich doch auch ganz famos - und verleihe und verschenke sie ohne Gegenleistung. Alleine meine Hamsterrad-Erfindungen im Rahmen dieses Vorwortes sind preisverdächtig!

Aber auch mich erschöpft es immer wieder und die großen Ziele der humanistischen Aufklärung ziehen mich immer wieder magisch an. Mein Mann ist leider - Gott sei Dank - vollkommen resistent gegen Hamsterräder, so lerne ich von ihm und mit ihm. Ich bin schon eine kleine Meisterin im Müßiggang im Urlaub geworden. Wenn mich ungewollt zu viele Räder locken wie die schöne Loreley allweil am Rhein - dann gehe ich zu Fuß, jäte Unkraut im Garten, diese Erdung ist mein Geheimtipp. Und immer wieder schenken mir meine Kollegen, Mitarbeiter, Bürger, Freunde, Mitmenschen wertvolle Impulse, so dass die Zeiten ohne Räder zunehmend überwiegen - und so wie es in meiner Kindheit auch nur einige Kirmestage gab, so gibt es nun in meinem Leben auch nur noch einige anstrengende aber auch beschwingte Hamsterradtage!

Ihnen allen viel Freude und Anregung mit diesem Buch, Ihnen alle die gelingende Hand bei Ihrer persönlich wohltuenden Ausbalancierung.

Jutta Hartwieg*

*Jutta Hartwieg war Unternehmensberaterin im deutschen und europäischen Raum und bildete u.a. für die Vereinten Nationen Spezialisten für Kommunikation und Teamfähigkeit aus. Heute ist sie die erste Landrätin in Schleswig-Holstein. Sie arbeitet und wohnt in Bad Segeberg.

1. Einführung

Es gibt viele Hamster auf dieser Welt. Meine haben Schlips und Kragen oder tragen ein Kostüm. Das braucht Sie nicht zu schrecken. Mein Berater hat mich wissen lassen, dass ich meine Zielgruppe sehr präzise eingrenzen soll. Das tue ich hiermit. Sie sind nicht gemeint und können sich innerlich zurücklehnen, in aller Ruhe abwarten und die ganze Sache mit angenehmer Distanz begutachten.

Meine Zielgruppe sind Hamster im Rad!
(Wenn ich dennoch ab und an von Menschen spreche, so ist das einfach nur eine persönliche Charakterschwäche).

Fasziniert beobachte ich ihre Motivation, wie sie sich an frühen Abenden* ins Rad schmeißen und arbeiten, Stunde um Stunde. Nur wenige Pausen, und in denen gibt es Gesundes wie Möhren und Körner. Jeder Personalchef wäre davon begeistert, ein effizientes, gesundheitsbewusstes System, in Bewegung, welches ständig mehr Energie liefert, immer vollen Einsatz aufweist und natürlich jederzeit ersetzbar ist. Es wachsen ja überall Hamster nach. *

Echte Hamster sind nachtaktiv. Sie vermehren sich ständig, es gibt genügend Nachwuchs.

2. Einiges zum Geschlecht

Bei Hamstern ist das ganz einfach: Sie brauchen ein gutes Lineal. Denn von außen können Sie Männchen und Weibchen nur unterscheiden durch den etwas größeren Abstand

zwischen Anus und der anderen Öffnung. Ob man aus hamsteremanzipatorischen Gründen die weibliche Form wählen sollte oder aus ebendiesen Gründen die männliche, ließ sich mit den Betroffenen nicht genau klären. Deswegen versage ich an dieser

Stelle, verneige mich vor den „männlichen" Gewohnheiten der Sprache und spreche von „der Hamster".

Die Bedeutung der Abstandsgröße ist enorm. Welcher Abstand vorliegt oder auch welchen Abstand Sie einnehmen, ist entscheidend für die entstehenden Gefühle. Testen Sie selber,

was alles eine Frage des Abstandes ist:

- ☐ die Vergangenheit
- ☐ die Heimat
- ☐ die Lust
- ☐ der Auffahrunfall
- ☐ der Überblick
- ☐ die Selbsterkenntnis
- ☐ der Stress

Anders als beim Geschlecht der Hamster lässt sich der Abstand bzw. Ihre Haltung und Position zu einem Ereignis einstellen und verändern.

3. Ein Hamster liebt sein Rad

Ein Hamster liebt sein Rad, eine ruhige Gewissheit und natürlich die lieb gewonnene Gewohnheit - etwas, was er kennt. Er versteckt sich nicht, er tritt an. Stetig und immerfort bleibt er in Bewegung, im Stress, immer die gleiche Kleidung, die gleiche Aufgabe. Die Blickrichtung, die Perspektive, der Stand- oder besser der Laufpunkt sind vorgegeben.

Und wenn er davon genug hat, kann er immer noch die Richtung wechseln und genauso weiterrennen, nur halt andersherum. Doch das geschieht wirklich selten. Beobachten Sie selbst (nein, natürlich beobachten Sie nicht ihre eigenen lieb gewonnenen Gewohnheiten und Wege).

Manche Menschen gehen lieber einen nicht richtigen Weg weiter, weil sie befürchten, sonst auf einen falschen zu geraten (das kann Ihnen natürlich nicht geschehen). Beim Hamster sind die Belastungen klar einschätzbar und mit den Jahren (übrigens eine überschaubare Anzahl, einstellig) passt sich auch der Hamsterkörper der Haltung an, die am häufigsten ausgeübt wird.

Und so schläft und rennt er dann auch, bis er in dieser Körperhaltung stirbt.

Es scheint also alles geregelt – weshalb sollte ein Hamster ausbrechen?
In der Tat gibt es interessante Untersuchungen bei anderen Säugetiergruppen: Ein Zootiger, der gleichbleibend vier Schritte nach rechts geht, dann wendet und vier Schritte zurück als Gitterlaufrhythmus hat, behält diesen Rhythmus auch noch einige Zeit ohne Gitter bei.

Beim Hamster sähe es so aus:
Das Laufrad stünde auch ohne Käfig in der Landschaft, der Hamster wäre nach wie vor mit dem Üblichen im Rad beschäftigt: laufen, Drehzahl und Leistung bringen.

Affen, die einmal gelernt haben, dass sie beim Erklettern einer Leiter zum Ernten von Bananen nass werden, geben dieses „Wissen" sogar an die folgenden Generationen weiter. Auch wenn die Dusche längst ausgeschaltet ist, werden keine Bananen mehr geerntet.

Menschen (nein, hier geht es nicht um Menschen, höchstens um den Hamster in jedem oder um den Radeffekt einer sich selbst immer wieder abfordernden Leistungsbereitschaft, die bis in den Burnout führen kann. Für Menschen, die mit- und weiterdenken wollen, sind die Rüben als Anregung und Hirnübung zum Vorbeugen als Burnoutprophylaxe gedacht!)

Stellen Sie sich mal vor, Sie wären ein Hamster.
Welches wäre Ihre Lieblingsgewohnheit?
Oder anders herum, welche Lebensanforderungen und Aufgaben empfinden Sie als Hamsterrad?

_____

_____

4. Das Hamstern

Oder auch: der Sinn der Vorratshaltung

Hamster hamstern, dieses ist ihr hervorragendstes Merkmal.

Sie tragen ihre Vorräte nah am Körper, immer soviel es gibt und geht.

Und sie legen Lager an.

Das ist ein ganz natürlicher und sinnvoller Vorgang, denn schließlich kommt der Winter. Dann lebt der Hamster von den Vorräten. Doch was passiert, wenn der Winter nicht kommt?

Nein, Hamster werden nicht fett. Denn sie haben ja ihr Rad….

Aber die Vorräte?
• Sammeln sich an und werden von anderen geplündert.
• Werden beim Reinigen entsorgt.
• Vergammeln, verlieren ihren Sinn, müllen alles zu.

Dies ist der Grund, weshalb bei Hamstern ab und an der künstliche Winter eingeführt wird. Eine zutiefst sinnvolle Strategie.

Künstlicher Winter bedeutet: Kein Futter, kaum Wasser, wenig Licht und viel Kälte.

Natürlich entstehen dabei Kosten: Beim Hamster einige Euros, aber er fühlt sich hinterher besser, kann wieder richtig rennen und durchstarten.

Bei anderen Lebewesen gibt es ähnlich gute Einrichtungen, den Winterschlaf, das Nichtrauchen, das Fasten, Urlaub machen, die jedoch noch nicht ganz so konsequent vermarktet werden.

Umgang mit Vorräten (zum Ankreuzen)

☐ verplant
☐ geplant
☐ ungeplant
☐ neu zu planen
☐ planlos

Nehmen Sie zum Testen Ihre Kleidungsvorräte, Geldvorräte, Zeitvorräte und Speckvorräte.

5. Hamster bei der Arbeit und in der Freizeit

Hamster bei der Arbeit

Hamster in der Freizeit

*Suchbild: Finde die Unterschiede! *

Definition von Arbeit:
[„Mühe", „Plage"], bewusstes, zielgerichtetes Handeln des Menschen zum Zweck der Existenzsicherung wie der Befriedigung von Einzelbedürfnissen; zugleich wesentlicher Moment der Daseinserfüllung.

Definition von Freizeit:
„Freizeit ist die Zeit, in der wir frei sind von äußeren und formalen Pflichten, die uns die bezahlte Berufsarbeit oder eine andere obligatorische Beschäftigung auferlegt".

(Definition aus „Der Brockhaus in fünfzehn Bänden")

Auf den Hamster bezogen sind klare Unterscheidungen nicht möglich. Wozu auch???

*Es gibt keine Unterschiede. Immer dasselbe: essen, schlafen, Nahrung besorgen, sich bewegen, Partner finden, Kinder zeugen und aufziehen und aus dem Nest schmeißen, Vorräte anlegen, vor Feinden auf der Lauer sein…

Sie! Jaja, Sie als Mensch sind gemeint, hier eine Frage an Sie:
Wie würden Sie denn für den Hamster die Unterscheidung Arbeit / Freizeit treffen?

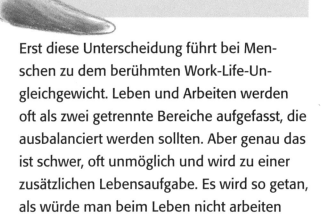

_____

_____

_____

_____

_____

Erst diese Unterscheidung führt bei Menschen zu dem berühmten Work-Life-Ungleichgewicht. Leben und Arbeiten werden oft als zwei getrennte Bereiche aufgefasst, die ausbalanciert werden sollten. Aber genau das ist schwer, oft unmöglich und wird zu einer zusätzlichen Lebensaufgabe. Es wird so getan, als würde man beim Leben nicht arbeiten und beim Arbeiten nicht leben.

6. Hamsterstressmanagement

Oder auch:
Regeln für den goldenen Hamsterschlaf:

- Stehe nicht vor 17 Uhr auf, eher später, denn die Nacht ist Dein Freund.
- Lege Dich erst in den frühen Morgenstunden ins Bett. Alles andere verdirbt Deinen Rhythmus.
- Gehe Deiner Arbeit motiviert und gleichmäßig nach.
- Tue nur eine Sache auf einmal: nur Rad, nur Essen, nur sichern, nur rempeln, nur…
- Wenn anderes quer kommt, erstelle eine neue Prioritätenliste (Erdbeben kommt dann auf Platz 1, Rad weit hinten).
- Halte die Liste kurz (Essen = 1, Rad = 2, …= 3. Ende).
- Unterbreche Deine Arbeit immer mit gutem Gewissen. Unfertige Arbeiten werden nicht geklaut (aus der Kriminalstatistik).
- Falls Du gerade ein Problem bearbeitest (Revier nach rechts oder links verschieben…), gönne Dir regelmäßig eine Arbeitspause. Nein, nein, auch Probleme verschwinden in solchen Pausen nicht.

15

Darüber wurde noch nie berichtet. Wohl aber verschwindet die Anstrengung in Dir in der Pause.

- Nimm tüftelige Themen mit ins Rad. Sie lassen sich in Bewegung leichter lösen (denn das Hamstergroßhirn ist aus Bewegung entstanden. In Bewegung greifen die Synapsen leichter ineinander und liefern Lösungen).

- Ernte die Lösung hinterher (Oh, nein, nicht während des Laufens an die Lösungen denken – nur eine Sache auf einmal. Vorher Auftrag zur Lösungsfindung geben, dann Rad – nur Rad! Dann hinterher ernten).

Dient diesmal für Notizen zum Thema: Wie beurteilen Sie die Einhaltung der hier genannten zehn Regeln

bei einer Hausfrau?
bei einem Ausdauersportler?
bei Ihrer Chefin?
bei sich selber?

Hamster beim Formulieren übergeordneter Ziele für das Team: Gutes Rad ist teuer.

7. Der Hamster und seine Kollegen

Der Hamster ist ein Einzelgänger, Kollegen interessieren ihn in aller Regel nicht. Nur zur Paarung ist er an Artgenossen orientiert. Das alles trifft auch auf die Hamsterfrau zu.

Dies führt zu sehr ehrlichem und direktem Verhalten. Das Revier ist klar abgesteckt und wird verteidigt. Jeder hat seine eigenen Vorräte. Das Laufrad wird nur in echten Notfällen geteilt. Damit sind die Parallelen zu den teamfähigeren Menschen eindeutig.
Wenn ein Chef lauter Hamster als Mitarbeiter hätte, sähe es so aus: viele Laufräder nebeneinander, in jedem ein Hamster.
Alle sind für sich mit demselben beschäftigt.

Beim Menschen, nur zum Vergleich, wären es lauter Einzelschreibtische nebeneinander…

Teambildung setzt beim Hamster also gezielt beim Individuum und seinen Bedürfnissen an. Kennt man diese, kann man übergeordnete Ziele für das Team formulieren und diese auch gemeinsam erreichen - denn jeder Hamster erreicht damit sein eigenes Ziel.

Fragen an den Hamster im Menschen: Welche Teamziele motivieren Dich wirklich?

- ☐ Alleine im Rad laufen.
- ☐ Die eigenen Vorräte anlegen.
- ☐ Das Hamsterrad am Laufen halten.
- ☐ Sich ein eigenes Rad einrichten.
- ☐ Vorschläge / Sonstiges

_____

_____

_____

Vermutlich sind Lemminge im Team einfacher zu führen als Hamster.*

*Kennen Sie Lemminge? Sie leben in Gruppen und tun immer alles gemeinsam. Vorne läuft meist ein Anführer, die anderen hinterher. Sie stürzen deshalb auch gemeinsam ab – zum Beispiel desillusionierte Kapitalanleger. Das wäre jedoch schon wieder ein anderes Buch.

8. Die Hamsterkarriere

1. Vorbild und...

2. mangelnde Alternativen...

3. führen zum Ergebnis.

19

4. Schon der Funke einer Idee...

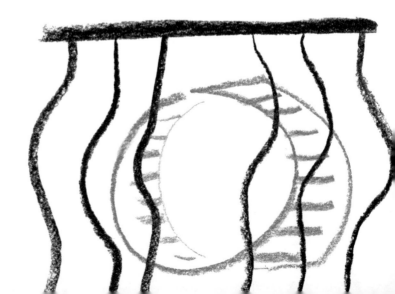

5. birgt die Gefahr der Verwirklichung.

Es ist wie bei einem Kind in einem kleinen Ort. Wenn der Vater Bäcker ist und die gesamte männliche Verwandtschaft auch, dann wird ein Sohn wegen dieser Vorbilder und wegen fehlender Alternativen auch Bäcker werden. Kommt jedoch ein anderes Vorbild, vielleicht ein überzeugter Schlosser, dann erhält der Sohn dadurch eine neue Idee. Verwirklicht er diese und wird Schlosser, entsteht für den Bäckernachwuchs eine ernste Gefahr. Finden Sie Beispiele hierfür anhand des beruflichen Werdeganges von Kolleginnen und Kollegen. Okay, was hat Sie denn beeinflusst bei der Berufswahl?

Wie sieht denn Ihre Karriere in Bildern aus?

_____

_____

_____

9. Auf der Karriereleiter einen Schritt nach oben

Die Karrierestufen erkennt man auch beim Hamster am Statussymbol. Natürlich hätte jeder Hamster gerne ein größeres Rad. Nur im Rad wird es dann zu anstrengend, Burnout bei Hamstern stünde an. Ein erhöht stehendes Rad hingegen ginge gut als Statussymbol. Es vereint Bekanntes und die Schrittgröße passt. Der höchste Aufstellpunkt – in Deutschland vermutlich das Gipfelkreuz auf der Zugspitze – ist nicht zu übertreffen. Aber auch hier gilt: Einiges ist einfach zu hoch.

Er fiel bei der Beförderung durch.

21

Im Alltag ist die Schrittgröße entscheidend, denn das Rad muss sich drehen. Zu enge Radspeichen strengen an. Bei zu weiten Speichen fällt der Hamster durch. Dies ist die Panik eines jeden Hamsterpersonalchefs.

Auch der Hamster im Zweierteam weist Karrierehindernisse auf: Zwei Hamster werden versuchen, in zwei verschiedene Richtungen am Rad zu drehen. Bei mehr Hamstern – eine Katastrophe! Denn: Geteilt wird nicht. Nochmals: Geteilt wird nicht!

Umfeldbeobachtung bei der Gattung Mensch:

Was wird geteilt?
Und was wird nicht geteilt?

- ☐ Geld
- ☐ Frau / Mann / Kind
- ☐ Auto
- ☐ Bürositzplatz

10. Hamster in der Krise

„Ich bin kein Hamster"*
(*In Anlehnung an ein Surrealismusgemälde)

Wenn ein Hamster so reagiert, ist höchste Aufmerksamkeit geboten. Dann nimmt er sich anders wahr als seine Umgebung ihn identifiziert.

Was ist zu tun?
- Wenn er keinen Schaden anrichtet, lassen Sie ihn. Lehnen Sie sich zurück und beobachten Sie die weitere Verwicklung.
- Wenn er in dieser Rolle nicht taugt, dann überlegen Sie, in welche er passen würde. Ein Vorbild sind hier die Menschen: Die, die sich für Jesus halten, sind oft gut ein-

zusetzen als Zimmermann und tragen so das ihre zum Wohle der menschlichen Gesellschaft bei.

- Wenn dieser Hamster Ihr Lebenspartner ist, überdenken Sie Ihre Situation. Haben Sie Vorteile davon? Hält er sich für einen Kaiser? Wenn Sie gerne Kaiser wären, spielen Sie doch mit. Das wird wirklich gerne getan.
- Wenn der Hamster auf die Krise beharrt und Sie sich komisch fühlen, prüfen Sie, ob Sie eine Brille/ Hörgerät/ neue Nasendrüsen brauchen. Das sollten Sie tun. Es könnte sonst gefährlich werden. Vielleicht steht Ihnen ja kein Hamster gegenüber, sondern es ist ein Löwe, der sagt: „Ich bin kein Hamster!"
- Wenn er sich selber, das Betriebsklima, die Beziehung usw. gefährdet, muss gehandelt werden:
1. Hoffen Sie darauf, dass ein befreundeter Hamster ihn aufklärt. Pferdefuß: Hamster haben keine Freunde.

Haben Sie ein Rad ab?

2. Wenn kein anderer den Job übernimmt, schicken Sie ihn zum Profi. Doch dort wird er nur hingelangen, wenn er irgendwelche Nachteile durch seine Krise hat.
- Der Profi kann dem Hamster helfen. Weshalb? Na klar, er schaut von außen drauf, stellt die offensichtlichen Fragen und gibt ein Feedback. Er kann sich in den Hamster

23

hineindenken, ohne verloren zu gehen in eigenen Themen. Er verhilft dem Hamster in der Krise zu neuen Ansichten und begleitet ihn bei der Entwicklung seines Potenzials.

Welcher Profi ist für Sie der richtige?
Einer, der Ihnen sagt, wo es lang geht?
Einer, der Sie herausfinden lässt, wo es für Sie lang geht?
Einer, der Zeit hat und zuhört?
Einer, der auf Ihre Schwächen achtet, denn Stärken haben Sie eh schon genug?
Einer, der auf Ihre Stärken achtet, denn auf die Schwächen achten Sie eh schon genug?

Einer, der.....?

_____

_____

_____

_____

11. Harte Nüsse

Diese kommen sogar bei Hamstern vor. Die Lagerung und Vorratshaltung von extrem harten Nüssen und anderen Problemen, vielleicht auch mal einem Knochen, bereitet erfahrungsgemäß wenig Schwierigkeiten, solange man sie gut belüftet, einschichtig lagert und sich merkt, wo man sie gelagert hat. Vergisst der Hamster den Ort, ist er auch die problematische Vorratshaltung los: „Wo war das Problem gleich noch, das ich hier vergraben hatte?" Über zu große Zeiträume gehäufte und gesammelte Nüsse und andere Probleme neigen zu Eigenleben mit unliebsamen Erscheinungen. Bei einem Riesenhaufen Knochen z.B. könnten Hunde angezogen werden. Und Hunde können ein Problem sein!!! Deshalb ist es klug, die Haltbarkeit von Problemen zu notieren:

Problem gültig bis ……..… Danach wegschmeißen.

Manche Probleme und Nüsse lassen sich gewinnbringend mit anderen teilen. Man gehört dann zusammen, bildet eine Gemeinschaft (Hamster A zu Hamster B: „Na, auch geschwollene Pfoten vom Rad?" B nickt verschwörerisch).

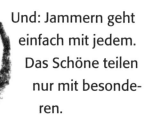

Gemeinsames verbindet.

Und: Jammern geht einfach mit jedem. Das Schöne teilen nur mit besonderen.

Haben Sie irgendwelche dem Hamster vergleichbaren „harte Nüsse"? Welche Haltbarkeitsdauer haben diese?

Und noch eine Frage an Sie: Wie ist es mit dem „sich selber verzeihen"? Sünden, Fehltritte, Peinlichkeiten, Scham und Schande, Sätze wie „ich hätte es besser gekonnt" werden bei Ihnen nach wievielen Jahren verziehen, getilgt, ersetzt?

Sie wissen schon, dass in Deutschland die Strafe „lebenslänglich" mit 15 Jahren gerechnet wird. Strenger sollten Sie mit sich selber auch nicht sein. Geben Sie Ihren ärgsten Nüssen endlich ein Verfallsdatum!

25

12. Merkt der Hamster überhaupt, dass er im Rad ist?

Das ist jetzt eine interessante Fragestellung. Von Fröschen ist bekannt, dass sie in einem Topf Wasser, der nur sehr sehr langsam erwärmt wird,

☐ verkochen   ☐ raushüpfen*

*Genau, nur eine Antwort ist richtig. Und diese ist es nicht.

Bei Menschen ist es so, wenn sie sehr früh in eine Arbeit / Beziehung gehen, merken sie nicht, was gut läuft und was ihnen fehlt. Für den Hamster dürfte das Rad so selbstverständlich sein, dass er gar nicht merkt, dass es Alternativen geben könnte. Untersuchungen hierzu fehlen noch.

Um etwas zu merken, braucht es einen Vergleich, also eine zweite Alternative neben der gewohnten: Dass jemand krank ist, merkt er nur, wenn er auf einmal gesund wird. Dass jemand klug ist, merkt er nur, wenn er auch mal mit Dümmeren zu tun hat.

Dieses Vergleichen ist eine Grundangelegenheit. Der Hamster, der sich mit Regenwürmern vergleicht, kommt sich groß und glänzend und bekleidet vor, sehr muskulös und sehr beweglich. Auch schnell und vorausschauend. Fast schon weise.

Der Hamster, der sich mit einem Maserati vergleicht, merkt vielleicht da erst, dass er langsam ist. Natürlich ist diese Weisheit anderen schon viel früher aufgegangen.
Oder was glauben Sie, weshalb so viele schöne Bilder von Wohnlandschaften in Ihre Wohnung trudeln? Sie fangen an zu vergleichen und merken, wie schäbig Ihre bisherige Ausstattung ist.

Dasselbe gilt bei der Währung, dem Preis, den man bereit ist zu zahlen: 10 Hamsterlinge sagen Ihnen nichts. Erst wenn Sie wissen, wieviel 10 Hamsterlinge umgerechnet in Euro wert sind, was Sie für einen Hamsterling bekommen und vergleichen können, sagt es Ihnen etwas. Und das mag motivieren oder demotivieren, je nachdem, ob Sie mehr oder weniger erwartet hatten.

Eine Übung zum Vergleichen:
Wenn Sie gut gelaunt und zufrieden sein wollen, vergleichen Sie bei allem, was Sie bisher hinbekommen haben, mit denjenigen, die es nicht hinbekommen haben. Sie haben den Führerschein bestanden, wer ist alles durchgefallen und hat ihn nicht?

Wenn Sie verstimmt, lustlos, antriebslos sein wollen, vergleichen Sie sich bei allem, was Sie bisher hinbekommen haben, mit denjenigen, die genau dieses besser hinbekommen haben als Sie. Sie verdienen monatlich 2.370 Euro? Wer alles verdient mehr als Sie?

_____

_____

_____

13. Die Idee zum Ausbruch*

(*ohne Idee kein Ausbruch!!!!!!!!!!!!!!!!!!!!!!!!!!!!!!!!!)

• Ideen kommen von innen (Hamster zu Pharaos Zeiten hatte Pyramiden im Kopf)

• Ideen kommen von außen (Hamster mit Gipsfuß, Flutwelle rollt an, Überschwemmung droht, schöner Partner…)

Manchmal muss man dann sein Rad verlassen = Zwang.
Manchmal lassen sich Vor- und Nachteile abwägen = Entscheidung.
Manchmal würde man gerne, kann aber nicht und bleibt = ……(Fügung?).

Ein Beispiel:
Ein Hamster würde gerne in die neue Heimat wandern. Aber er hat keinen Vorrat und der

Weg ist lang. Also bricht er nicht auf, sondern bleibt bei seinem alten Rad. Neben der Motivation ist also der rechte Zeitpunkt entscheidend für den Erfolg.

Auch wichtig:
Treibt es den Hamster weg von etwas?
Oder zieht es ihn hin zu etwas?
Oder gibt es beides?

Jeweils ein Beispiel:
Ein Hamster will weg von einem anderen mit sehr hässlichen langen Zähnen. Er tut es. Dann fehlt ihm das Gewohnte (sich aufregen darüber, sich daran reiben). Er muss sich neu orientieren (wo will ich jetzt hin?).

Oder: Ein Hamster will hin zu einem bildschönen anderen Hamster. Dort fühlt er sich auf einmal unzulänglich, weil er sich vergleicht.

Oder: Der Hamster will weg von seinem hässlichen Partner und hin zum schönen, kann sich jedoch nicht entscheiden, weil beides Vorteile und Nachteile hat.

Wie laufen denn Entscheidungen bei Ihnen ab?
Am Beispiel:
Eine kleinere Entscheidung steht an wie die Anschaffung von neuen Unterhosen. Wollen Sie innerlich weg von den löchrigen Exemplaren mit zu engen Gummis? Oder tendieren Sie eher hin zu schicken Unterhosen mit weichem Gummi? Oder läuft in Ihrem Inneren sowohl der Gedanke ab, wovon Sie weg wollen, als auch, wo Sie hin wollen? Bei diesem Beispiel: was Sie stattdessen wollen?

14. Das neue Hamsterleben

Das Neue bewahrt auch immer ein Stück des Alten, der lieb gewonnenen Gewohnheit. Und wer seine Gewohnheiten verloren oder hergegeben hat, der baut sich wieder welche.

Wenn also deutsche Hamster in die USA ziehen, dann leben sie dort so nahe wie möglich am Deutschen – was die Gewohnheiten betrifft. Wenn sie in der Heimat Nutellanüsse bevorzugt haben, dann tun sie das in der Ferne auch. Bestimmte Sehnsüchte bleiben im Neuen also bestehen.

Wer's nicht glaubt: Dies lässt sich auch an anderen Tiergattungen beobachten. (Freundinnen aus Deutschland besuchen Freundinnen in Nicaragua, im Gepäck Gummibärchen und Nutella).

Unter den Sehnsüchten gibt es kritische wie z.B. Zigaretten, die dringend genügend Alternativen im Neuen brauchen (Stock rauchender Hamster…). Sonst zieht die kritische Sehnsucht zurück ins Alte, in die Vergangenheit. Wenn der Hamster keine Nutellanüsse in den USA findet, dann versucht er zumindest, etwas möglichst ähnliches aufzutreiben, z.B. Haselnüsse. Gelingt es, dann ist die Nutellanuss-Sehnsucht befriedigt und der Hamster bleibt in den USA. Gelingt es nicht, wird der Hamster wahrscheinlich rückfällig und kommt wieder nach Deutschland.

Denken Sie an Ihre bisherigen Gewohnheiten, also die, die Sie stören. Welche Vorteile haben diese Gewohnheiten?

☐ Miteinander eine Zigarettenlänge reden.

☐ Bewegung unter Menschen.

☐ Gut gekleidet sein.

☐ Abschalten.

☐ Sich spüren.

☐

☐

15. Der geräderte Hamster

Das Wort „gerädert" stammt von mittelalterlichen Foltermethoden ab und beschreibt im Bilde, wie sich der moderne Hamster im 21. Jahrhundert fühlt, wenn ihn etwas Grundlegendes aus der Ruhe bringt.

Wenn Sie ein Hamster wären, rein hypothetisch natürlich, würde eine Katze Sie aus der Ruhe bringen, die sich das Maul leckt? Deren Magen knurrt? Die anschließend mit der Kralle versucht, durch die Stäbe nach Ihnen zu angeln?

Ehrlich, das sind die reinsten Horrorvorstellungen. Vermutlich würden Sie als Hamster schlecht schlafen und hätten Albträume. Und ziemlich bald, je nachdem, wie schnell Sie lernen, würde der reine Anblick einer Katze für den vollen Hamsterhorror ausreichen. Im nächsten Schritt würde schon der Gedanke daran ausreichen. Und irgendwann funktioniert der Horror auch bei Auslösern, die nur entfernt ähnlich sind: beim Knurren eines Regenwurmmagens zum Beispiel.

Wenn dieses Horrortraining erstmal abgeschlossen ist, läuft es zuverlässig von alleine, und der Hamster ist gerädert. Ein typisches Beispiel für die Menschen wäre Mobbing. Jetzt hat sich die mittelalterliche Folter also in die Gegenwart bewegt und wirkt, dank perfektem Lernen, durch die Konzentration auf das Wesentliche.

Was fehlt, ist der Hamstergruppenstress durch das Weitererzählen und Übertreiben des Erlebten.

Die Fernwirkung „habe ich gehört, habe ich deshalb geräderte Gefühle, hat nämlich Hamster A erlebt" fehlt. Weshalb diese Gruppenwirkung fehlt? Hamster sind Einzelgänger.

Lernen erfolgt bei starken positiven Ereignissen und bei starken negativen Ereignissen von alleine. *1
Lässt es sich denn dann noch Umlernen von einer negativen hin zu einer positiven Vorstellung? *2
Was meinen Sie dazu?

_____

_____

_____

*1 Die erste große Liebe ist leicht gelernt
   und erinnerbar, das erste große
   Versagen ebenfalls.
*2 Ich bin ein liebenswerter Versager
   oder im Versagen bin ich großartig.

31

16. Der Hamster, vom Glück verfolgt

Glück ist

- ☐ vorübergehend (dauerhaft sind Zufriedenheit und Gewohnheit, also die „heit"en).
- ☐ etwas, was man übersehen kann.
- ☐ eine Frage des Tempos.
- ☐ eine Frage der Dosierung.
- ☐ festhalten an den Idealen der Vorfahren (Haus, Familie, Bausparvertrag).

Glück & Geld regiert die Welt!?

- ☐ Vergleich zwischen denen, denen es schlechter geht und mir, gezielte Momentaufnahme: Nur gezielte Vergleiche führen zu guten Ergebnissen. Ein Beispiel: Mein Hamsternasenrücken hat sich wesentlich straffer und besser gehalten als der vom Boxerhamster dort drüben.

An den Hamster:
Ich weiß, dass ich glücklich bin, wenn...

_____

_____

17. Wie finde ich ein mir passendes Rad?

Alle Menschen (!!!), die ich bisher gefragt habe, hatten ihre eigenen Ideen zum Hamsterrad, alle hatten so ein Rad. Ich wiederhole: alle! Das ist entweder schockierend oder eine wichtige Erkenntnis. Wenn niemand ohne Rad ist, dann ist die Abschaffung des Rads nicht das erste Ziel. Dann nehme man doch lieber das Ziel, das eigene Rad mit passender Ausstattung zu besitzen.

Deshalb kommt hier auch kein Ausbruch aus dem Rad, sondern eine Anleitung zum Finden der perfekten Radausstattung. Denn so ein Rad hat ungeheure Vorteile. Es rollt, es hält in Bewegung und es bringt vorwärts usw.

Zutaten:
Fester Standpunkt zum Aufstellen, Begrenzungen als Halt und Lücken zum Durchschauen.

Gewünschtes Ergebnis: Wie darf das Rad denn werden? Was soll es denn sein?
Einige Beispiele:
etwas Leichtgängiges, Einfaches, Lautloses, gut Geschmiertes? Nur das Trappeln der Füße und der rhythmische Atem sollen zu hören sein? Überall aufstellbar, praktisch, auch in Notfällen einsetzbar, in Katastrophen zum Abreagieren, geringes Gewicht.
Das wäre das praktische Klapprad!

Oder kommt es auf den Schein an, also auf glänzende Materialien, die wertvoll wirken, auf den Standort im Mittelpunkt, auf die Radgröße und dass der sich im Rad Bewegende gut sichtbar wird, vielleicht mit riesigen Spiegeln für die Außenwelt?

Das wäre der Mercedes unter den Rädern, das Protzrad!

Wenn man gerne hinterher spürt, was man getan hat, lohnt sich eher ein Rad, das schwergängig ist. Wohlgemerkt: absichtlich schwergängig für die Befriedigung. Im Rad geht es immer nur bergauf und sobald man draußen ist, kommt einem alles leicht vor, sogar das Graben von Vorratshöhlen.

Das wäre das Arbeitsgerät als Rad!

So, jetzt geht es an das Eingemachte: Wie sieht denn ihr eigenes Lieblingsrad aus (das am meisten benutzte ist gemeint, auch wenn Sie es nicht wirklich lieben)?
Und was gefällt Ihnen an genau diesem Rad? Und was fehlt da so?

Sie können auch in Ihre Erfahrung abschweifen, denn Sie haben ja schon viele Räder kennengelernt. Welche Vorteile hatten die einzelnen Räder?
Okay, für die Frust-Hamster: Wo waren die einzelnen Räder alle unzulänglich und schlecht?

_____

_____

_____

Völlig privater Kommentar – mein Lieblingsrad ist zurzeit der Gedanke:
Was bin ich froh über….

18. „…und hat ein Rad zum Erkunden".

Eine professionelle Selbstmanagement-Übung.

Im Folgenden beschreibe ich Ihnen eine Übungsanleitung: Sie brauchen zum Mitmachen Stifte, gerne farbig, etwas Zeit und Lust, sich darauf einzulassen. Wenn Sie nicht gerne in Büchern ihre Spuren hinterlassen, dann ist auch etwas extra Papier sinnvoll.

Wenn ich vom Hamsterrad spreche, wie ist Ihre Idee dazu? Welches eigene Thema fällt Ihnen spontan dazu ein? Wenn Sie mehrere Themen haben, wählen Sie eins davon aus, so dass Sie die anderen später angehen oder bestimmen Sie einzelne Trittflächen als separate Themen.

Denken Sie an Ihre wiederkehrenden Anforderungen und trauen Sie sich: Skizzieren Sie Ihr persönliches Hamsterrad. Bei den meisten Menschen ist es rund und wird durch Energieeinsatz am Drehen gehalten. Aber keine Sorge: Es gibt auch Menschen, die für ihr

Hamsterrad ein Kreuz malen oder einen Stern oder anderes. Und gleich zu Anfang: Ihre Skizze ist richtig! Denn es ist Ihre eigene, Ihre bisher unbewusste Wahrnehmung Ihres persönlichen Hamsterrades. Doch das werden Sie noch herausfinden je weiter Sie mit dieser Übung voranschreiten.

Gehen Sie für einen Moment in sich. Sie benötigen jetzt einen Vergleichswert, also eine persönliche Festlegung Ihres aktuellen Befindens zu Ihrem Hamsterradthema.

Viele Menschen nehmen eine Befindlichkeitsskala mit Zahlenwerten von 1-10, wobei 10

sehr hoher Stress bzw. Belastung und 1 „alles perfekt" bedeutet. Sie können genauso gut als Skala einen Farbton wählen („mir geht es mit meinem Thema jetzt Graubraun") um dann nach der Durchführung dieser Übung selbst vergleichen zu können, z.B. „Da ist zwar noch etwas Graubraun geblieben, jedoch ist sehr viel klares Hellblau mit Gelb hinzugekommen". Bei der Skala geht es einzig und alleine darum, dass Sie das Maß Ihrer persönlichen Veränderungseinheiten messen können. Natürlich können Sie hier auch die Schwere des mit dem Thema verbundenen Gefühls herauslesen. Nehmen Sie sich etwas Zeit, jetzt! Gönnen Sie sich die Befriedigung / Zufriedenheit eines Vergleiches.

Skizzieren Sie Ihr Hamsterrad. Dieser Platz ist für Sie!

Wir erkunden Ihre Skizze

Beantworten Sie die Fragen, indem Sie Ihre persönlichen Antworten jeweils an Ihre Skizze hinzuschreiben.

Zuerst interessiert mich, ob Sie sich in das Rad hineingemalt haben oder als Beobachter in Ihrer Skizze gar nicht auftauchen? Es könnte auch sein, dass Sie vielleicht das Rad sind. Machen Sie sich bewusst, aus welcher Perspektive heraus Sie mit Ihrer Skizze verbunden sind. Es macht einen großen Unterschied, welche Perspektive Sie einnehmen, ob Sie z.B. als Beobachter von oben auf das Rad schauen, als Beobachter von unten schauen oder vielleicht mittendrin sind. Bei ersterem Blickwinkel behalten Sie einen gewissen Überblick, während die zweite Perspektive, also von unten, auch bedrohlich sein kann. Wenn Sie zuviel Abstand zum Rad haben, können Sie sich möglicherweise handlungsunfähig fühlen. Wenn Sie mitten im Rad rennen, sind Sie vielleicht viel zu beschäftigt, um etwas zu ändern.

Die nächste sehr interessante Frage ist: „Wer bewegt das Rad? Bewegt es sich überhaupt? Ein Rad ist ja nur in der Bewegung etwas Besonderes. Im Stillen könnte es auch ein Klotz oder ein Balken tun. Wer oder was führt dazu, dass sich das Rad dreht? Ist es Ihre Körperkraft? Stoßen Sie es von außerhalb an oder rennen Sie im Rad klassisch auf der Stelle? Erscheinen Sie in dieser Vorstellung als Tier oder als Mensch? Wenn Sie ein Tier wären, welches Tier sind Sie dann? Wie sieht dieses Tier aus? Möchten Sie vielleicht lieber ein anderes Tier sein oder ein Mensch?

Welche Kleidung tragen Sie als Mensch? Arbeitskleidung, Freizeitkleidung oder keine Kleidung? Ist es Freizeitrad, Arbeitsrad oder Lebensrad? Interessante Fragen und ebenso sehr interessante Selbstoffenbarungen, oder? Wie lässt sich Ihr Rad drehen – strengt es an oder geht es ganz leicht?

Welche Gedanken treiben das ganze an? Was sind das für Gedanken? „Ich muss noch…? Man sollte jetzt…"

Machen Sie sich Ihre Notizen, wie genau es bei Ihnen aussieht.

Nun wissen Sie schon einiges mehr, und durch die kleine Erkundung wird das Anstrengungsbild bewusster als am Anfang. Die nächsten Fragen befassen sich mit den Besitzverhältnissen, dem Wert dieses Besitzes sowie dessen Verwertbarkeit. Wem gehört denn das Rad? Wann wurde es angeschafft? Seit wann ist es in Ihrem Besitz? Gab es einen Grund für die Anschaffung? Einen äußeren Anlass mit einer bewussten Entscheidung (z.B.: Sylvester und gute Vorsätze) oder hat es sich von selbst angeschafft, so nebenbei und war plötzlich da? Welchen Wert hat Ihr Rad? Aus welchem Material ist es gebaut? Wie haltbar ist es konstruiert? Wo steht es?

Mit Hamsterrädern ist es wie mit Häusern: Es kommt auf die Lage an und auf die Lage und auf die Lage. Steht Ihr Rad in zentraler und dennoch ruhiger Stadtlage, im Industriegebiet oder im Chaos im hintersten Eck? Wobei ich das hinterste Eck nicht recht glaube. Denn Sie sind ja regelmäßig dabei, am oder im Rad zu drehen. Da wird es wahrscheinlich eher in einer für Sie zentralen Lage stehen! Die Lage ist in der inneren Ordnung von Menschen genauso bedeutsam wie bei Immobilienmaklern! Sie ist mitbestimmend für den Wert.

Jetzt kommen wir zu einer sehr interessanten weiteren Frage: Welchen Wert hat Ihr Rad für Sie? Viele Menschen wollen nämlich nur aus dem Rad ausbrechen, weil sie es nicht näher erkundet haben und nicht wissen, wie wertvoll es für ihr Leben ist.

Wie ist es mit Ihrem Rad? Welche Bedeutung hat es? Welche Vorzüge bietet es (und sei es nur die hervorragende Lage mitten im Weg von der Arbeit zum Feierabendsofa)? Was würde Ihnen fehlen, wenn dieses Rad nicht mehr da wäre? Würden Sie dann automatisch auf ein Ersatzrad umsteigen? Dann behalten Sie lieber das bisherige!

Vielleicht ist Ihr Rad auch schon eine Antiquität, älter als 25 Jahre oder von Eltern und Großeltern übernommen? Holen Sie Vergleichsangebote ein, bevor Sie Ihr Rad weggeben. Was ist Ihnen und anderen ein solches Rad wert? Sprechen Sie darüber. Preisen Sie dabei auch all die Vorzüge an, z.B.: regelmäßig zuverlässig in Bewegung gehalten worden und klären Sie zu guter Letzt auch den Verschrottungswert.

Bitte ergänzen Sie „fleißig" alles für Sie wichtige in Ihrer Skizze. Betrachten Sie Ihre Darstellung vom Rad und geben Sie dieser Skizze jetzt einen Titel. Jawohl, der Titel zu einem Werk ist wichtig. Denken Sie an Josef Beuys, ohne Titel würden die meisten seiner Kunstwerke von Putzfrauen entsorgt werden. Titel

sind wichtig. Sie helfen bei der Einsortierung in die innere Dauerausstellung des Alltagslebens.

Erlauben Sie Ihrer Fantasie oder Ihrem nüchternen Verstand oder wem auch immer, Sie

bei Ihrer Titelwahl zu unterstützen. Und schreiben Sie den Titel zur Skizze an die für Sie passende Stelle.

Jetzt wäre Ihr Werkstück erst einmal einsatzbereit. Überarbeiten können Sie es jederzeit, mit oder ohne Begleitung.

Wenn Sie ihr Werk so betrachten, welche Frage beschäftigt Sie? Die einen fragen sich „Wie konnte es nur dazu kommen"? Die anderen überlegen, was sie damit anfangen werden oder rätseln, wie sie das Rad verlagern. Rollende Räder können das Leben erleichtern, in der Freizeit und bei der Arbeit. Welches ist Ihre Frage dazu? Was ist wundervoll, was stört? Was sollten, wollen und werden Sie ändern?

Skizzieren Sie ein verändertes neues Bild, in welchem das Hamsterrad Ihnen dient. Vielleicht statten Sie dieses Rad mit rollenden, leicht laufenden Rädern aus, die Ihnen das Vorwärtskommen erleichtern und Ihr Leben bereichern. Oder eine andere Änderung erfüllt den positiven Sinn des ursprünglichen Hamsterrades.

Skizzieren Ihr Rad der Zukunft.
Dieser Platz ist für Sie!

Betrachten Sie nun Ihre beiden Skizzen
und ziehen Sie Ihre Schlussfolgerungen.
Notieren Sie diese!

Erinnern Sie sich an Ihre Skala vom Anfang? Als Sie festgelegt haben, wie es Ihnen mit diesem Hamsterradthema geht? Genau, Sie erstellen wieder einen Skalenwert und ver-

gleichen: Wie ist es jetzt mit Ihrem Thema?

Ist die Wertung gleich geblieben?

Oder hat sich der Wert Ihrer Skala geändert?

Wenn ja, in welche Richtung?

So, nun ist es Zeit für eine Schaffenspause. Nehmen Sie sich Zeit, schlafen Sie eine Nacht darüber, lassen Sie die Dinge ruhen. Später können Sie noch einmal auf Ihre Erkundung schauen.

Wo sind Sie einen Schritt weiter gekommen? Wo gar eine ganze Wanderung?
Gibt es konkrete Schritte, die es in der nahen Zukunft zu gehen gilt?

Wenn Sie möchten, können Sie gerne ein Feedback geben unter www.Gehirnpfade.de oder auch an den Psymed-Verlag.

19. Was es mit dieser Übung auf sich hat

Das Hamsterrad dient als gängige Metapher für wiederkehrende Belastungen und Problematiken. Es greift auf ganzheitliches Wissen zurück und erlaubt, Worte und Sinnbilder für etwas so Komplexes wie „innere Prozesse" von Menschen zu finden. Durch die Worte wird die Problematik eingefasst. Innere Bilder fügen sich zusammen, aus denen eine äußere Skizze entsteht, die dann in einem einfachen kleinen Schritt aus dem Burnout oder der Burnoutgefahr heraushelfen kann.

Eine Skizzendarstellung ist eine äußere Abbildung der „inneren Wirklichkeit". Diese andere persönliche Problemwahrnehmung gibt dem Thema eine betrachtbare, sichtbare Struktur. So kommt Abstand hinein, der bei einer innerlich hin und her gewälzten Betrachtung des Themas nicht möglich ist. Der Betrachter nimmt eine andere Perspektive als bisher ein. Dadurch stehen ihm weitere Gaben und Fähigkeiten zum Entwickeln eigener Lösungen zur Verfügung. Die Betriebsblindheit sich selbst gegenüber wird gemildert bis aufgehoben. Der Volksmund kennt für diese Betriebsblindheit zahlreiche Wortbilder:„Den Wald vor lauter Bäumen nicht mehr sehen" oder „Tomaten auf den Augen haben."

Die Fragen führen den Betrachter durch die Übung. Sie spielen mit der Metapher, geben ihr ein persönliches Gewicht und eine individuelle Bedeutung und führen zu neuen Perspektiven. Anstatt wie bisher im Inneren ein gewisses „wenn - dann" Denkschema am Laufen zu halten, entsteht mit jeder Frage etwas mehr Wahlmöglichkeit. Natürlich ist der Humor auch hilfreich. Wer über sich schmunzeln kann, bleibt beweglich, dem eröffnen sich auch bei schwierigen Themen neue Alternativen. Humor bannt die Ohnmacht, mit der man inneren Vorgängen ausgeliefert sein kann und initiiert Veränderung und Glück.
Die erwähnte Skala folgt dem menschlichen Wesen des Vergleichens. Menschen vergleichen sich und werden glücklich oder unglücklich. Vergleichen ist eine „Universalie", ein zutiefst menschlicher Zug. Die Stärken des Vergleiches sind die stetige Selbsterkenntnis

und Verbesserung, die Schwächen, das sich herunterziehen und nie gut genug sein.

Die Skala dient in dieser Übung dem ehrlichsten aller Vergleiche: dem mit sich selber. Nur so lässt sich schnell und effektiv herausfinden, was solch eine Übung einem selbst bringt.

Das hier vorliegende Arbeitsbuch grenzt das große innere Thema Leistungsdruck und Burnout ein und macht es veränderbar. Dadurch lässt es sich einfacher handhaben. Randthemen, die sich heimlich drangehängt hatten, werden offensichtlich und können positiv genutzt werden. Veränderungsimpulse und Ziele können leicht in Unterthemen eingeteilt werden, die sich Schritt für Schritt angehen lassen und zum Ziel führen.

Wofür taugt die Übung des Hamsterrades?

Das Hamsterrad ist ein gängiges Wortbild. Es taucht in der Presse, in Liedern, in der Alltagssprache auf: „Das Rad muss sich drehen, also drehe ich am Rad". Das Hamsterrad ist eine Aussage/Vorstellung per se, also von vornherein.

Im Alltag gibt es eine Vielzahl wiederkehrender Muster. Einige sind hilfreich wie Verdauung, Schlaf, Kontoeingang. Andere sind fesselnd wie Fernseher, Zigaretten, Jammern. Es gibt sichtbare Muster wie Sahnetorte essen, in der Nase popeln und unsichtbare wie sich selber kleinmachen oder mutig sein. Allen Mustern ist eigen, dass sie irgendwann einmal entstanden sind und seitdem wie von alleine ablaufen. Sie haben sich verselbständigt wie Autopiloten. Diesen Mechanismus greift die Metapher des „im Hamsterrad sein" auf, beleuchtet und hinterfragt und bietet Anregungen für Veränderungen.

Platz für Ihre Rede an uns:

_____

_____

_____

_____

_____

Wofür die Übung nicht taugt:

Sicher taugt sie nicht bei Hamsterallergien, da kann man sie höchstens zur Abschreckung einsetzten. Auch bei Menschen, die gerne gesagt bekommen, wo es lang geht, kann solch eine Übung mit sich selbst an ihre Grenzen stoßen, denn hier ist das Hauptaugenmerk ja die Arbeit mit „(s)ich". Ebenso ist diese Übung kein Allheilmittel, aber ein guter Impulsgeber und Wegweiser. Bei schwereren Themen kann sie ein erster Schritt sein, bevor es dann Sinn macht, sich professionelle Unterstützung zu gönnen. Wer lieber miteinander arbeitet, als schon wieder alles alleine tun zu müssen, wird ebenfalls Begleitung suchen.

Wie dieses Buch entstand:

Nichts für Hamster

(sondern etwas für den Menschenkopf)

Viele Menschen stöhnen über ihren Alltag, leiden unter wiederkehrendem Stress und benennen diesen als „Hamsterrad".

Aber: Weshalb verlassen diese Menschen nicht einfach ihren Stress, wenden sich anderem zu und gestalten um? Irgendetwas hält sie im Gewohnten, im Bekannten und Kalkulierbaren. Für Mitmenschen im Stress hätten sie viele gute Ideen der Änderung.

Nur bei sich selbst funktioniert dies nicht.
Weshalb nicht?
Es gibt das Sprichwort „Den Wald vor lauter
Bäumen nicht mehr sehen". Überall sind Bäu-
me. Nur, wer mitten drin steht, sieht eben nur
Bäume und keinen Wald. Erst der Abstand
schafft die nötige Übersicht, und dieser folgt
oft die Einsicht zum Handeln.

Dieses Buch soll Abstand schaffen - über
Bilder, über den Stellvertreter „Hamster", über
die Metapher des Rads und natürlich auch
über das Aufzeigen ungewöhnlicher Perspektiven. Die ein oder andere Übertreibung,
Unterlassung und Verzerrung ist auch vorhan-
den. Sie fördern den Widerspruch und damit
das Entwickeln eines eigenen individuellen
Konzeptes. Wen die Hintergründe ausführ-

licher interessieren, wer Fragen hat, Praxis wünscht, der sei hiermit herzlich eingeladen zur Kontaktaufnahme.

Welche Zutaten braucht man für ein Buch?

Ich wollte nach jahrzehntelanger Praxiserfahrung ein Fachbuch schreiben und stellte das Unmögliche fest: alles darstellen wollen, ausführlich, fundiert, seriös, aktuell – schier unmöglich. Und ich schrieb das Buch nicht. In der Realität ist der Mut zur Lücke jedoch erfolgreich, also das Entscheiden auf Grundlage unzureichender Daten. Einfaches wird getan, Eigenes mit Erfolg eingesetzt: kurz, prägnant, für alle lesbar, vielleicht sogar leicht und lustig. Mit diesen Vorgaben konnte ich arbeiten. Und so entstand dann doch ein Buch, zuerst der Text.
Wolfgang Taubert war da einer Meinung mit mir. Und so entstanden die Bilder und der Rahmen dazu – von Brehms Tierleben zum MeHa – dem MenschenHamster.

Augsburg, anno 2011

Die Autoren:

Heide Janowitz, *1964
Beruf: Coach, Trainerin
• Charakteristische Rad-
kappe: „Ich bin Hirnde-
tektivin im Dienste der
Persönlichkeitsentwick-
lung".

Persönliche Hamsterweisheit: „Ist der Hamster aktiv, lebt er. Und schlafen? Ist eindeutig
eine Aktivität. Denn: Erst die passende
Mischung zwischen Herausforderung und
Gelassenheit macht glücklich".

Wolfgang Taubert, *1950
Beruf: Journalist,
Werbefachmann, Grafik,
Kommunales
Kreativmanagement
• Charakteristische Rad-
kappe: „I bin a Querbeet-

denker – mit variabler Sicherheit"!
Persönliche Hamsterweisheit: „Und war er
auch noch so schön – an jedem Abend ‚stirbt'
ein Tag". Der Pingelige sagt: „Ich muss meine
Ordnung ins morgen retten." Der Kreativchaot
sagt: „Vielleicht räume ich morgen doch mal
auf." Guter Tipp: die Wahrheit
liegt auch hier in der Mitte.

Kontaktdaten (Stand 2011):

Wir freuen uns über Kontaktaufnahme,
hamstermäßige Rückmeldungen, An-
und Aufregungen und ähnliches.
http://www.gehirnpfade.de
Heide Janowitz Tel.: 0821-317 37 83
Wolfgang Taubert Tel.: 0821-55 39 93

Entspannungsmeditation zur Gesundheitsförderung finden Sie unter www.psymed-verlag.de

Ruhe & Gelassenheit
Löwentrance/ Bazar der Träume
ISBN 978-3-941903-02-9
Herausgeber: Dr. Klaus Witt Sprecher: Prof. Dr. Gerhart Unterberger
2 CDs € 28,50
Meditationsübung für tiefe Entspannung und Hilfe,
um schwierige Situationen mit Abstand
und Gelassenheit zu bewältigen.